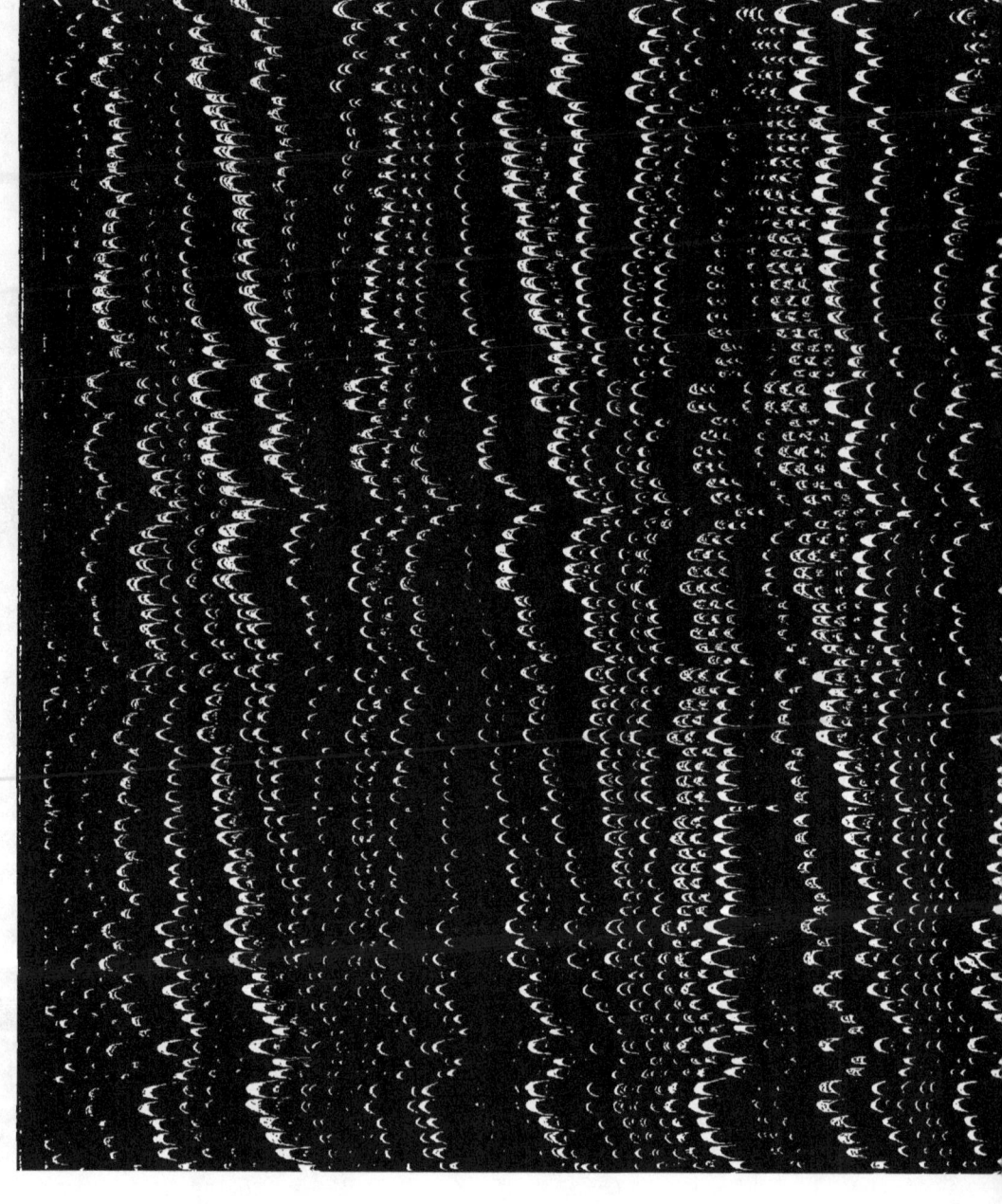

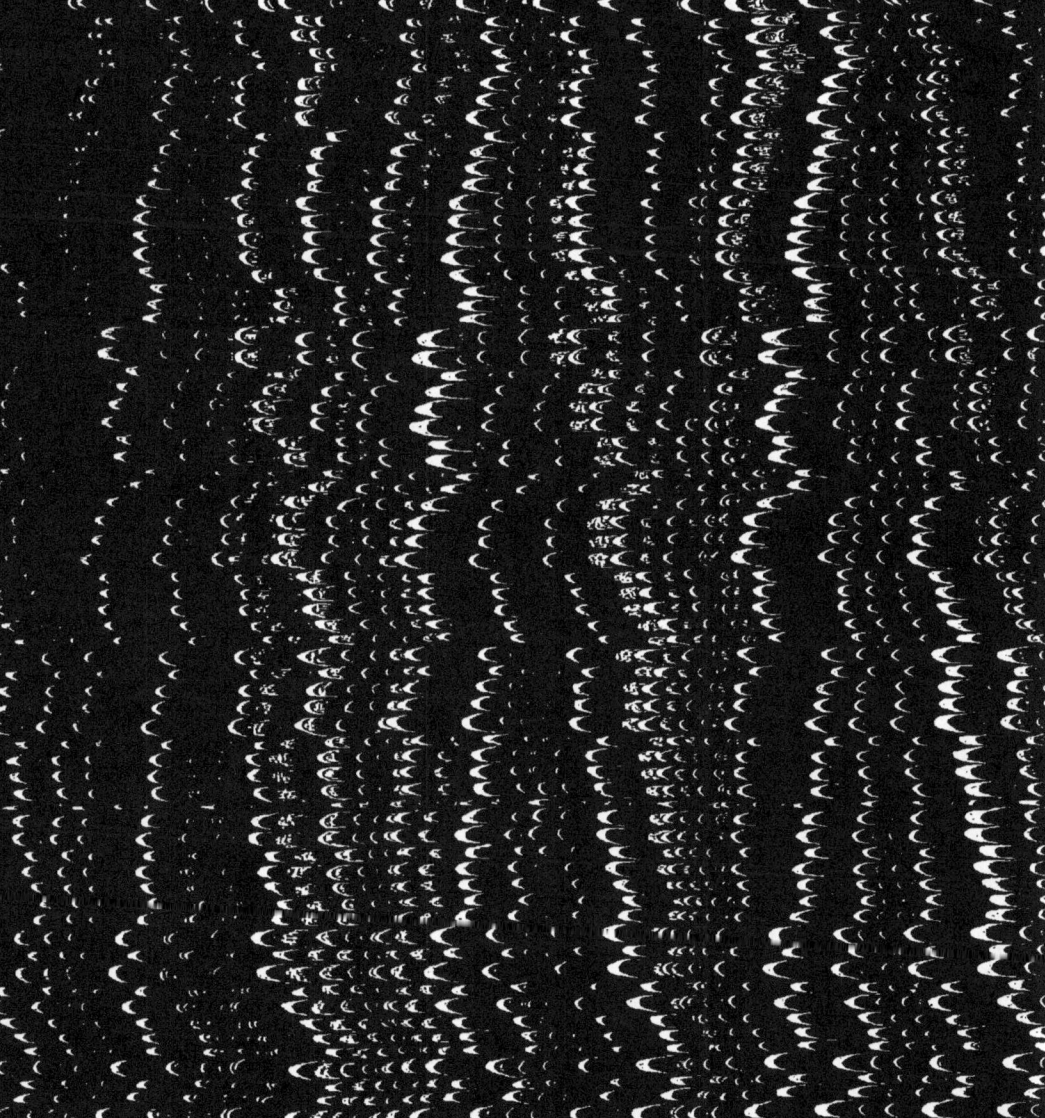

24919

LA SORCIÈRE
de
MUNSTER

# LA SORCIÈRE

DE

# MUNSTER

SA TORTURE A WIHR-AU-VAL

ET

SON EXÉCUTION A GUNSBACH

MDCXXXI

COLMAR
LIBRAIRIE DE EUG. BARTH.
1869

LA
# SORCIÈRE DE MUNSTER

Des quatre tours dont le village de Wihr-au-val était flanqué, celle que dominait le château de Girsperg servait de prison pour le bailliage. C'est dans cette tour, sous une voûte humide et mal éclairée, qu'allait se passer une de ces scènes barbares trop souvent renouvelées par nos superstitieux ancêtres.

C'était le 14 mars 1631 : on venait d'amener dans ce caveau une jeune femme, Catherine Huger, née à Munster et domiciliée à Günsbach. Elle était accusée de maléfices et de sortilèges ; on allait procéder à son interrogatoire. Au milieu du réduit se trouvaient plusieurs instruments de torture, tels que chevalet, tenailles, poucettes et gril de fer. Quand Catherine eut aperçu ces instruments de supplice, son courage l'abandonna. Elle se mit à pleurer lorsque le grand-bailli lui demanda, d'une voix rude, si elle persistait à nier ses crimes.

— Je ne suis coupable d'aucun crime, répondit-elle.

— Pourquoi trembles-tu donc ainsi, reprit le juge ?

— J'ai froid, Monseigneur !

— Belle excuse !

Il était aisé au grand-bailli de parler ainsi : le froid humide du caveau ne pouvait pénétrer sa robe doublée de fourrures. Le greffier chauffait ses doigts sur un pot de grès rempli de braise ; quant au sergent de justice et au tourmenteur, de copieuses rasades empêchaient le froid de les gagner.

Le grand-bailli se tournant vers le tourmenteur, lui dit :

— Arnold, fais-la parler !

Aidé du sergent de justice, Arnold se mit à déshabiller Catherine ; puis, de sa main calleuse, il l'étendit sur le chevalet, tandis que le greffier se préparait à écrire la déclaration de la patiente. Aux premières atteintes de la torture, Catherine jeta des cris si perçants que la foule, rassemblée devant la tour, en frémit. Catherine ne put résister à la douleur.

— Messeigneurs, dit-elle, je vous crie merci!... J'avouerai tout; la torture a brisé mon courage!...

On relâcha un peu les cordes et tout le monde écouta en silence.

— Un soir, lorsque mon mari eut quitté la maison pour se rendre à Colmar, l'esprit malin se présenta à moi : j'étais couchée. S'étant approché de moi, il souffla sur mon visage; son haleine était brûlante. Je n'eus que le temps de tremper mes doigts dans un bénitier placé au-dessus de mon lit et de lancer quelques gouttes d'eau bénite à la tête du réprouvé. Aussitôt je vis ces gouttelettes brûler, comme ferait un fer rouge, la peau noire de mon visiteur. La fatale apparition s'évanouit alors et la maison s'ébranla jusque dans ses fondements; je crus qu'elle allait s'abîmer.

Malgré l'insuccès de sa tentative, le diable ne renonça pas à l'espoir de me vaincre. Le lendemain au soir, mon mari n'était pas encore rentré. J'entendis une voix bien connue m'appeler par mon nom. J'allai ouvrir : c'était le fils du garde forestier que j'avais connu avant mon mariage et que j'ai toujours eu la faiblesse de préférer à mon époux. Je le fis entrer. Il était tard. Ce n'était pas la première fois que je lui faisais passer la nuit chez moi.

Jésus, lui dis-je, comme tu as froid! Au nom de Jésus, il bondit à côté de moi et ses

mains se crispèrent. Un rayon de lune pénétra alors dans ma chambre et je remarquai que les mains de mon amant n'étaient pas comme celles d'un autre homme ; les doigts en étaient longs et éffilés et je sentais ses pieds aussi froids que la glace. Mais, à part cela, je ne me rappelle pas avoir éprouvé quelque chose d'extraordinaire. Il faisait encore sombre quand il me quitta et je lui dis :

— Georges, tu es venu déjà tant de fois me voir, et je n'ai pas un seul souvenir de toi.

Il fouilla alors dans ses poches et me donna plusieurs pièces d'or.

— Je n'ai que cela, me dit-il, et il disparut. Le matin, lorsque je voulus prendre ces pièces d'or, je ne trouvai plus que des feuilles sèches.

Depuis le jour où Satan avait pris la forme de mon amant pour mieux me tromper, je n'eus plus de répugnance à le voir ; un changement s'était opéré en moi. Quand il vint de nouveau me visiter, il tenait d'une main un long bâton et de l'autre une petite boîte ; cette boîte contenait un onguent noir dont il frotta le bâton qu'il avait apporté, et m'invitant à m'en servir comme monture, il prononça ces mots :

*Bol auss und bol an,*
*Stosz dum und dum ahn.*

Après avoir répété mot pour mot cette phrase

mystérieuse, je sentis une force inconnue m'enlever de terre et je m'échappai par la cheminée aussi facilement que la balle de l'arquebuse. Je planai longtemps au-dessus du village, puis je pris un élan vers la montagne. Mais je ne sais comment cela se fit : soit peur, soit inexpérience, je laissai glisser le bâton sur lequel je chevauchais dans les airs ; aussitôt le charme cessa et je retombai sur la terre. Le matin on me releva ; j'étais à deux lieues de ma demeure et pendant trois jours il me fallut garder le lit (a).

Catherine garda alors le silence. Il est inutile de dire que, pendant ce récit, les assistants n'avaient pas manqué de se signer chaque fois qu'elle avait prononcé le nom de Satan. Sur un avertissement du grand-bailli, le tourmenteur tendit plus fort les cordes ; la malheureuse demanda grâce une seconde fois et promit de dire toute la vérité. Elle continua sa confession en ces termes :

— Une semaine après ma chute du ciel, le diable vint encore se présenter à moi ; il portait un habit noir et un pantalon rouge en tricot. Il me montra ses poches pleines d'or et me dit

---

(a) Tous ces détails sont authentiques : ils sont tirés du procès-verbal des déclarations de la sorcière.

que je pourrais y puiser à volonté si je consentais à me livrer à lui. Quelle tentation !... Ces pièces d'or étaient si belles, si brillantes que je n'hésitai pas à renier Dieu et à me vouer à Satan, corps et âme. Mais lorsque je plongeai la main dans la poche de mon généreux protecteur, je me brûlai les doigts : les pièces d'or s'étaient changées en charbons ardents. Il partit alors d'un éclat de rire si strident que les vitres de la fenêtre s'ébranlèrent dans leurs chassis de plomb.

— Catherine, me dit-il, tu ne remarques pas que ma toilette est plus recherchée que de coutume : c'est aujourd'hui qu'ont lieu nos nôces; prépare-toi donc à me suivre ; mets tes plus beaux habits, mais n'oublie pas de prendre des bas noirs.

— Je fus prête en un instant, et, avant de sortir de la maison, il me remit une baguette blanche, en me recommandant d'en toucher toute personne ou tout animal dont je voudrais me défaire. Je le suivis alors hors de la maison...
Il se trouvait là un grand taureau noir sur lequel il me fit monter avec une courtoisie peu commune. Il sonnait minuit à l'horloge du village quand je partis en compagnie de Satan. Le taureau noir traversa rapidement l'espace et s'arrêta dans la prairie dite *Pfistermatt*, non loin de Munster. Là se trouvaient réunies toutes les sorcières de la vallée, et, à notre

arrivée, toutes vinrent féliciter leur nouvelle compagne.

Le grand-bailli interrompit la patiente pour lui demander si elle ne se rappelait pas les sorcières qu'elle avait vues à l'assemblée et si elle ne pouvait pas les désigner par leurs noms.

Catherine se mit alors à nommer toutes celles qu'elle avait reconnues. C'étaient : Suzanne Zeinager, la femme du receveur de Munster; Catherine Stoffler de Soultzbach, dont la mère avait été pendue récemment pour crime de sorcellerie; Anne de Venningen, la femme du grand-bailli...

A ce nom, le grand-bailli se leva furieux :

— Tu mens, par la gorge, s'écria-t-il ! — Arnold, serre les cordes...

Et la malheureuse Catherine poussa des cris aigus, mais les assistants restèrent insensibles devant ses souffrances. Le sang jaillissait à ses lèvres, ses membres craquaient sous la tension des cordes; des larmes inondaient son visage, et elle s'écriait :

— Vous vouliez savoir la vérité; je n'ai dit que ce que j'ai vu !

Elle cita trente personnes présentes à sa nôce infernale, au nombre desquelles se trouvait aussi la fille du greffier.

L'interrogatoire avait duré quatre heures. Catherine avait bien froid, tout son corps tremblait et ses dents s'entrechoquaient avec force.

Des taches bleuâtres apparaissaient çà et là sur sa peau rosée. On la releva du chevalet ; elle était brisée.

Quelques jours après, Catherine fut appelée devant le tribunal de justice. Elle témoigna beaucoup de repentir et supplia ses juges d'avoir égard à sa jeunesse.

Le tribunal rendit une sentence de mort. Elle portait que Catherine Huger, coupable de sorcellerie et d'adultère, serait pincée, sur toutes les parties du corps, avec des tenailles rougies au feu ; qu'elle serait traînée au lieu du supplice en chemise, la corde au cou et que, pour servir d'exemple, son corps serait livré aux flammes jusqu'à ce qu'il fut réduit en cendres.

Catherine fut obligée de remercier ses juges pour la clémence de leur sentence qui lui refusait en outre la sépulture.

Le 21 mars 1631, c'est-à-dire sept jours après la torture, elle fut conduite à Günsbach pour être exécutée. Sept sergents et six gardes, armés de mousquets, lui servaient d'escorte. On craignait que le diable ne vint l'enlever pendant le trajet. Tous les curieux de la vallée de Munster étaient accourus sur la place de l'exécution que l'on avait balayée comme pour un jour de fête. Mais le spectacle ne fut pas aussi sauvagement tragique que l'on s'y attendait Catherine eut la tête tranchée avec la hache et seulement après son cadavre fut livré aux flammes.

L'arrêt de mort avait été adouci par la suppression des tenailles rougies au feu et la décapitation avant le bûcher. J. D.

—⚬◆⚬—

IMP. J. B. JUNG A GUEBWILLER.

www.ingramcontent.com/pod-product-compliance
Lightning Source LLC
Chambersburg PA
CBHW060629050426
42451CB00012B/2498